Piano / Vocal / Guitar

KELLY CLARKSON
STRONGER

ISBN 978-1-4584-4861-3

HAL•LEONARD®
CORPORATION
7777 W. BLUEMOUND RD. P.O. BOX 13819 MILWAUKEE, WI 53213

Visit Hal Leonard Online at
www.halleonard.com

CONTENTS

MR. KNOW IT ALL

Words and Music by ESTHER DEAN,
BRIAN SEALS, BRETT JAMES
and DANTE JONES

Moderate Pop Rock

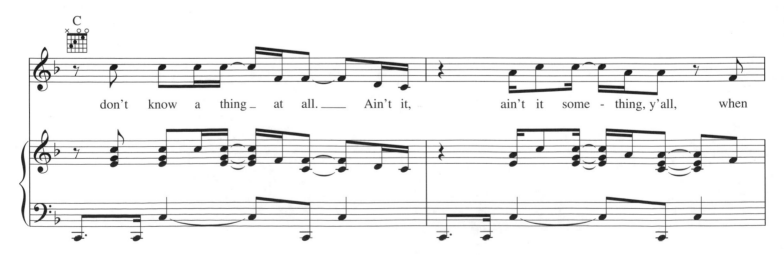

Mis-ter Know It All, well, you, you think you know it all, but you don't know a thing at all. Ain't it, ain't it some-thing, y'all, when

some-bod-y tells you some-thing 'bout you, _ think that they know you more than you do. _ So you

take it down, an-oth-er pill to swal-low. _____

Mis - ter Bring _ Me Down, _ well, you, you like to bring _ me down, _ don't you?
Mis - ter Play _ Your Games, _ on - ly got your-self _ to blame _ when you

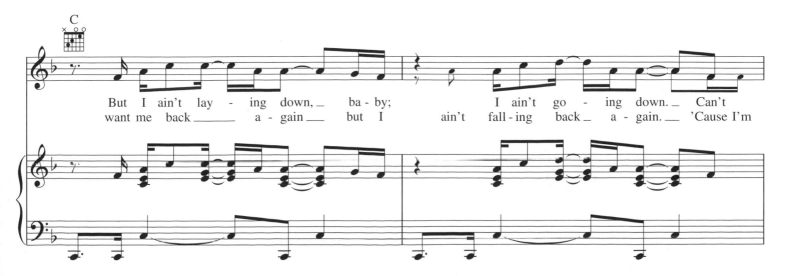

But I ain't lay - ing down, _ ba - by; I ain't go - ing down. _ Can't
want me back _____ a - gain _ but I ain't fall - ing back _ a - gain. _ 'Cause I'm

no - bod - y tell me how it's gon - na be, ___ no - bod - y gon - na make a fool out of me. ___ Ba - by,
liv - ing my truth with - out ___ your ___ lies. ___ Let's be ___ clear: ___ Ba - by, this is good - bye. ___

you should know that I lead, not fol - low.
I ain't com - ing ___ back to - mor - row. Oh, you think that you know ___

___ me, know ___ me, that's why I'm leav - ing you lone -

- ly, lone - ly. 'Cause, ba - by, you don't know a

thing a - bout me, _____ you don't know a thing a - bout me. _____

_____ You ain't got the right to tell me

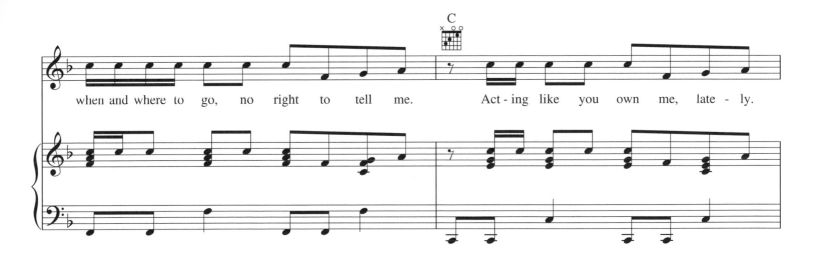

when and where to go, no right to tell me. Act - ing like you own me, late - ly.

Yeah, ba - by, you don't know a thing a - bout me, _____

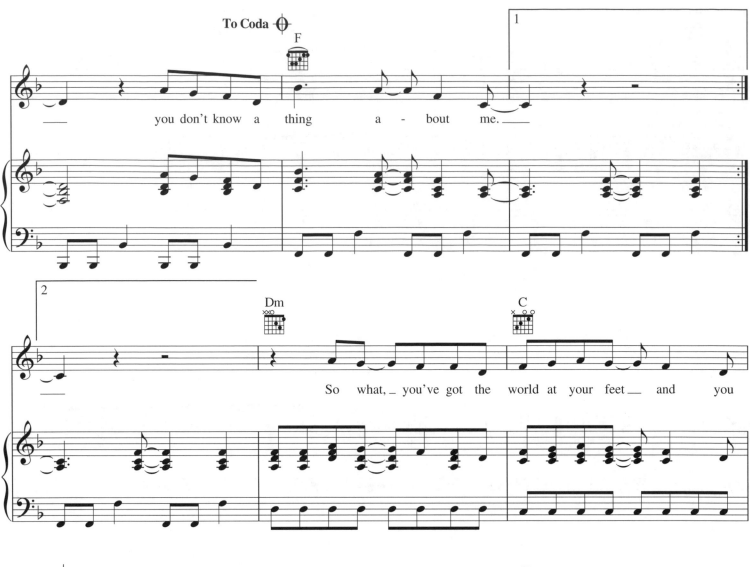

you don't know a thing a - bout me.

So what, __ you've got the world at your feet __ and you

know ev - 'ry - thing __ a - bout ev - 'ry - thing; __ but you don't. __ You still think I'm

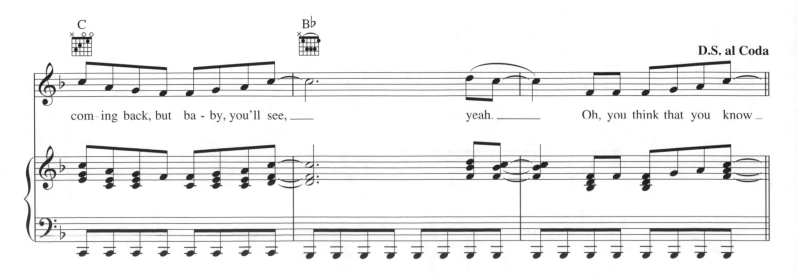

com - ing back, but ba - by, you'll see, __ yeah. __ Oh, you think that you know __

CODA

thing a - bout me. ___ Mis - ter Know ___ It All, ___ well, you,

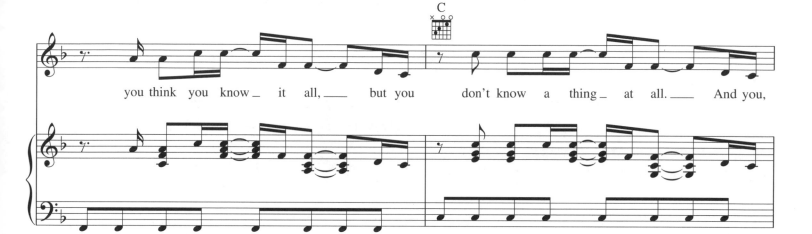

you think you know ___ it all, ___ but you don't know a thing ___ at all. ___ And you,

yeah, ba - by, you don't know a thing a - bout me, ___

___ you don't know a thing a - bout me. ___

STRONGER
(What Doesn't Kill You)

Words and Music by GREG KURSTIN,
JORGEN ELOFSSON, DAVID GAMSON
and ALEXANDRA TAMPOSI

Moderate Dance groove

You know the bed feels warm - er ___

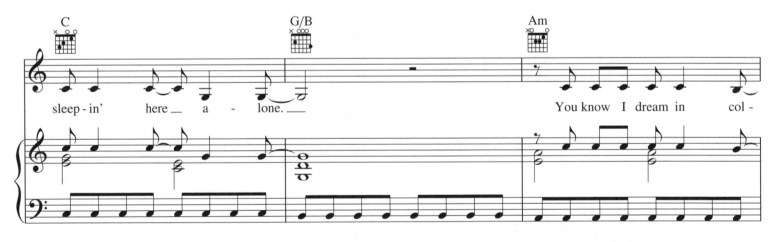

sleep-in' here ___ a - lone. ___ You know I dream in col-

- or ___ and do the things ___ I want. ___

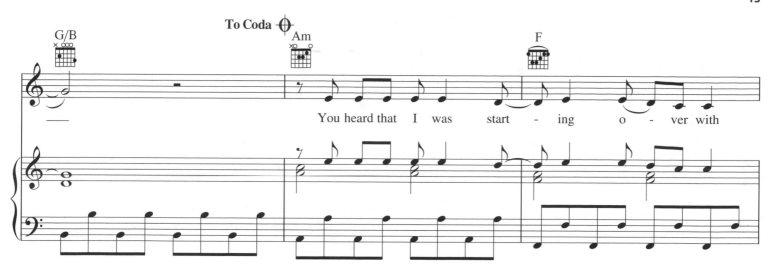

You heard that I was start - ing o - ver with

some - one ___ new. ___ They told you I was a - mov-

- in' on ___ and o - ver ___ you. ___

You did - n't think that I'd come back, I'd come back swing - in'. You tried to break me. But you

D.S. al Coda

N.C.

see, what does-n't kill you makes you

CODA Dm

Thanks to you I got a new thing start - ed,

Bb

thanks to you I'm not the bro - ken - heart - ed. _____

Am

Thanks to you I'm fi - n'ly

F

think - in' 'bout me. You know in the end, __ the day I left was just a my be - gin -

Am

ning. _____

F

In the ____ end, _____

C

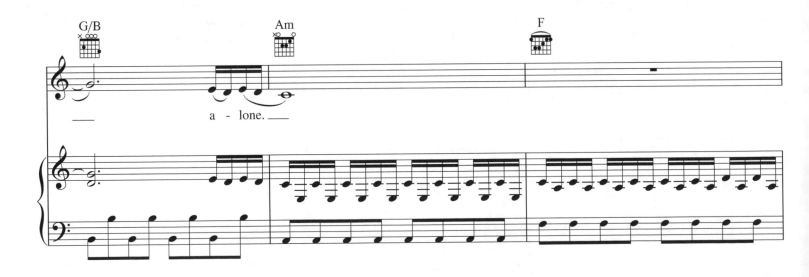

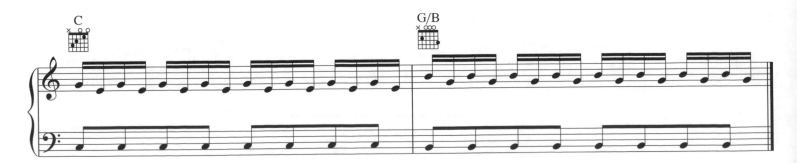

DARK SIDE

Words and Music by busbee
and ALEX GERINGAS

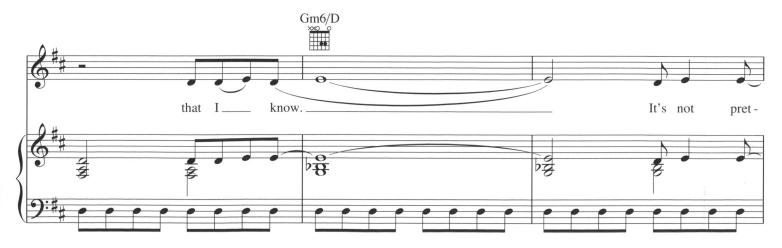

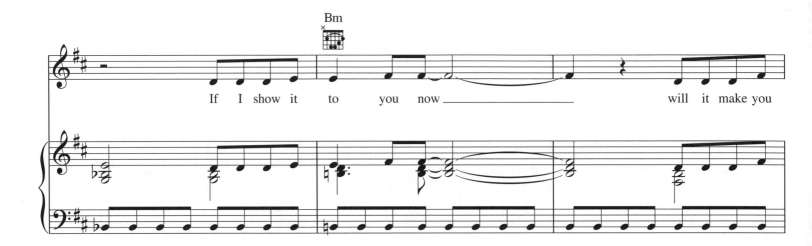

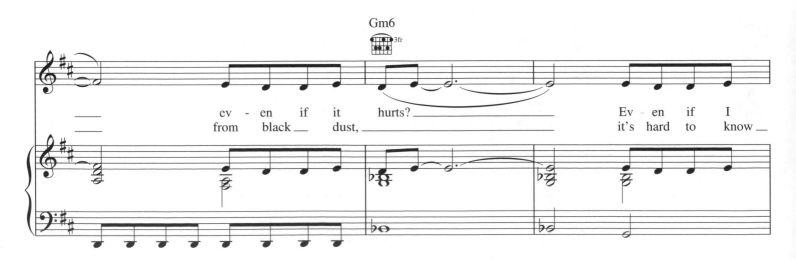

try to push ____ you out ____ will you ____ re - turn ____
what can ____ be - come ____ if you ____ give up. ____

and re - mind me who I real - ly am? ____
So don't _ give _ up on me. ____

Please re - mind me who I

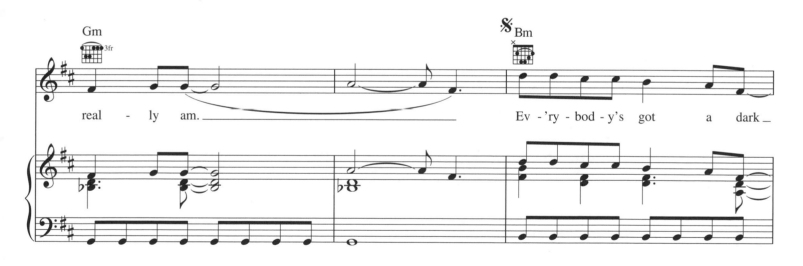

real - ly am. ____ Ev -'ry - bod - y's got a dark ____

____ side. Do you love ____ me? Can you love ____ mine? _

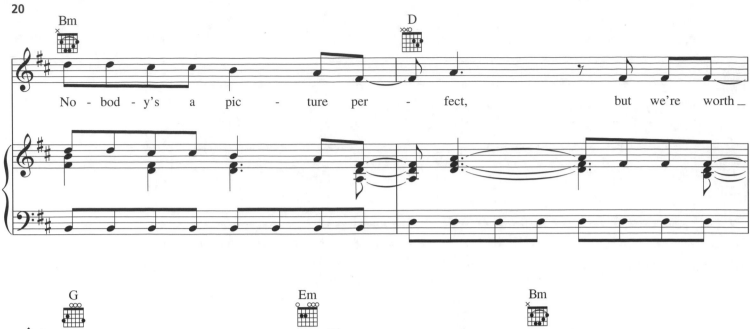

No - bod - y's a pic - ture per - fect, but we're worth _

_ it. You know that we're worth _ it. _ Will you love _ me _

e - ven with my dark side? _ Like a dia -

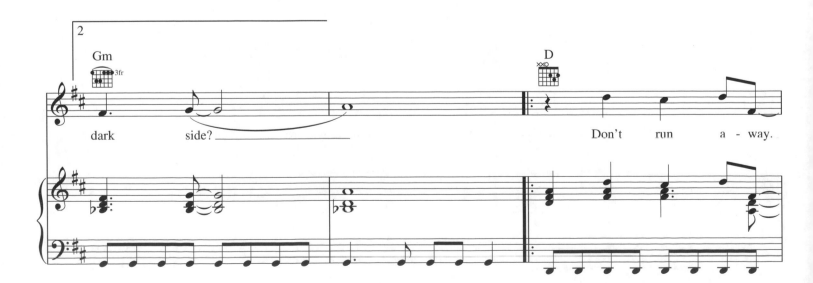

dark side? _ Don't run a - way.

Don't run a-way. _____ Just tell me that you __ will stay. _
Just pro-mise me you __ will stay. _

Pro-mise me you __ will stay. _____ Yeah, _

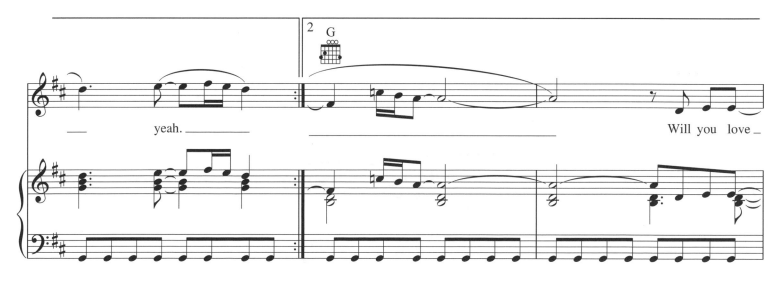

yeah. _____ Will you love _

__ me, _____

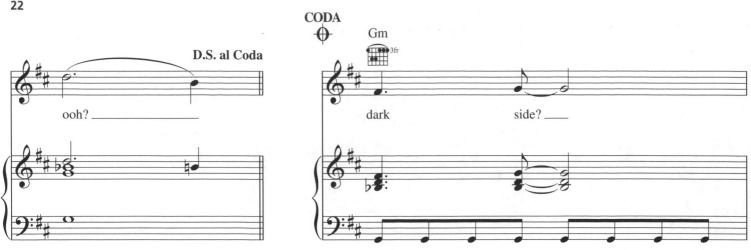

HONESTLY

Words and Music by TOM SHAPIRO,
CATT GRAVITT and ROBERT MARVIN

Moderate Rock

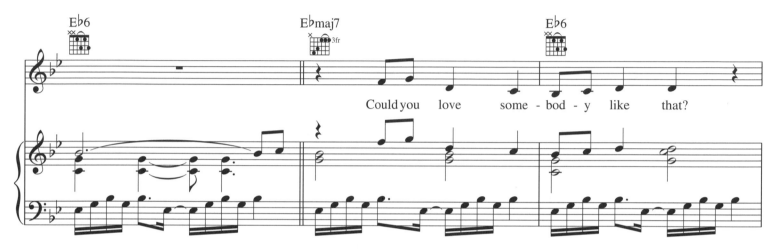

Could you love some-bod-y like that?

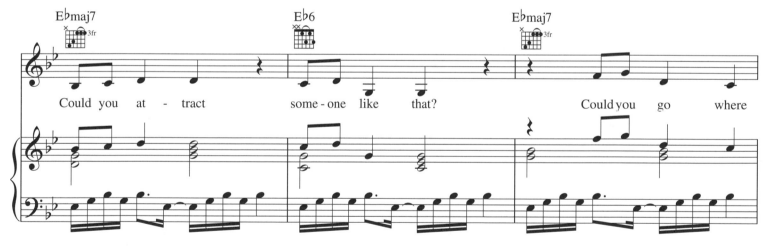

Could you at-tract some-one like that? Could you go where

peo-ple can't see some-one like me? Could you do that? Would you

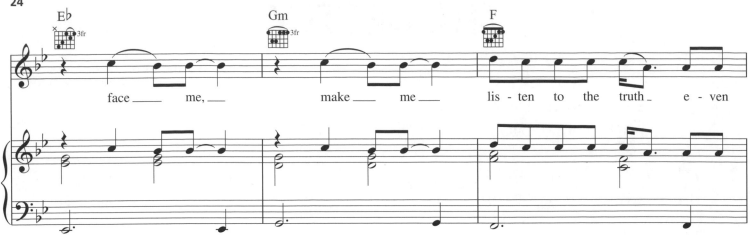

face ___ me, ___ make ___ me ___ lis - ten to the truth __ e - ven

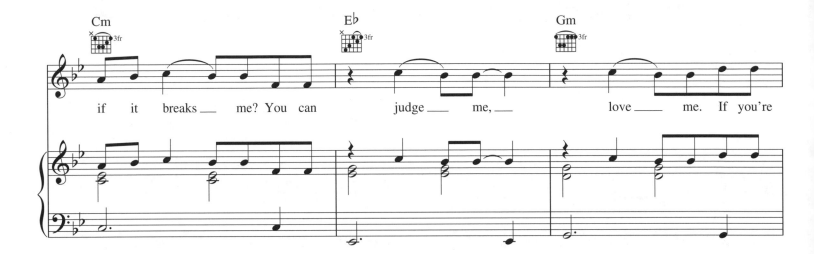

if it breaks ___ me? You can judge ___ me, ___ love ___ me. If you're

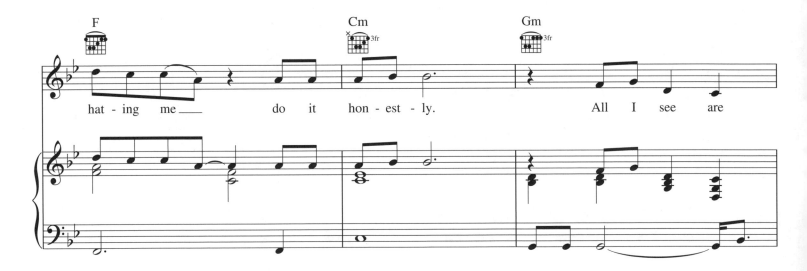

hat - ing me ___ do it hon - est - ly. All I see are

Step - ford like lives, nee - dles and knives. Beau - ti - ful lies

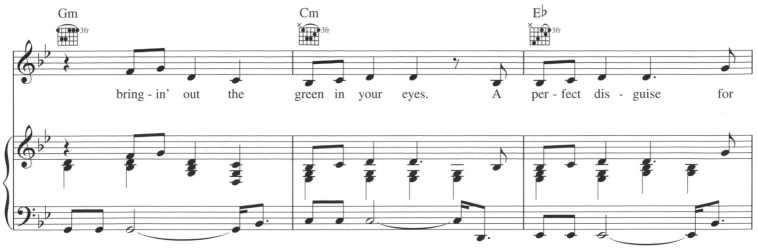

bring-in' out the green in your eyes. A per-fect dis-guise for

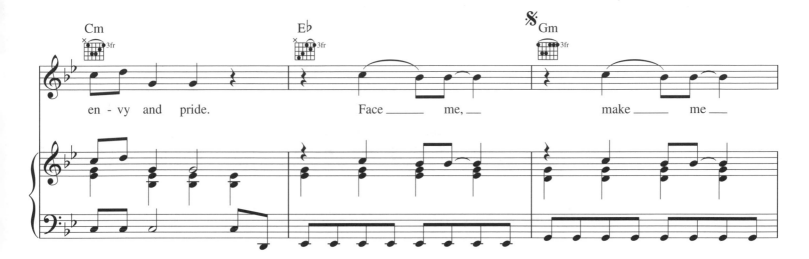

en-vy and pride. Face me, make me

lis-ten to the truth e-ven if it breaks me. You can judge me,

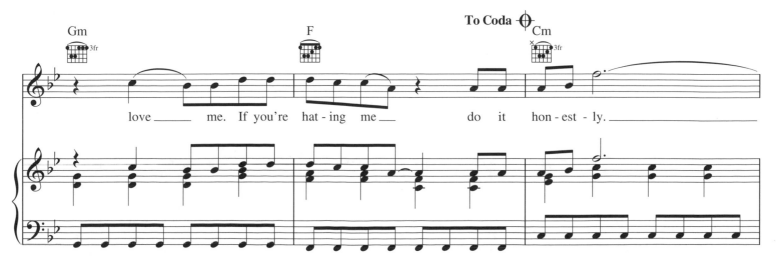

love me. If you're hat-ing me do it hon-est-ly.

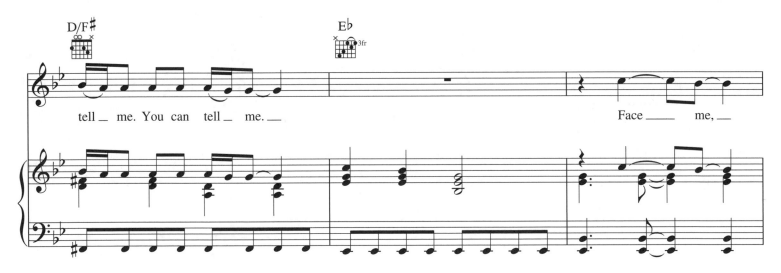

You can tell __ me. You can tell __ me. You can tell __ me. You can

tell __ me. You can tell __ me. __

Face ____ me, __

make ____ me ____ lis - ten to the truth e - ven if it breaks ____ me. You can

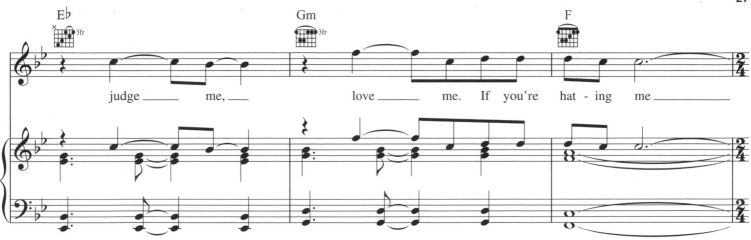

judge ___ me, ___ love ___ me. If you're hat - ing me ___

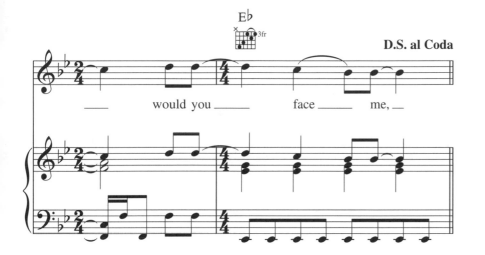

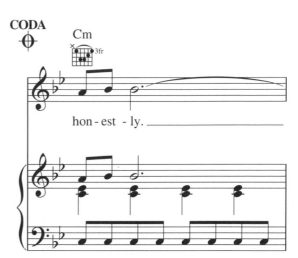

D.S. al Coda

would you ___ face ___ me, ___

CODA

hon - est - ly. ___

You can tell _ me. You can tell _ me. You can tell _ me. If you're

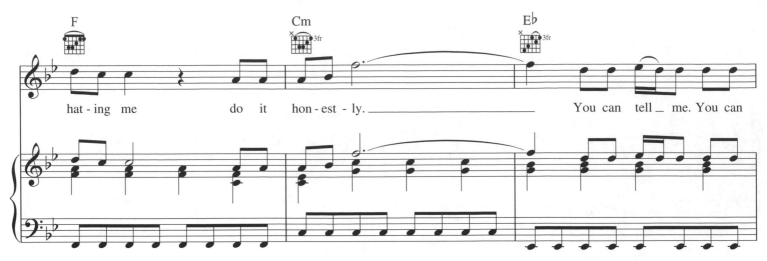

hat - ing me do it hon - est - ly. _____ You can tell _ me. You can

tell _ me. You can tell _ me. You can tell _ me. you can......

Repeat and Fade

Optional Ending

YOU LOVE ME

Words and Music by KELLY CLARKSON,
JOSH ABRAHAM and OLIVER GOLDSTEIN

I'm not good e-nough, I'm not good e-nough. _____
I'm just a sink-ing ship, I'm just a sink-ing ship. _____

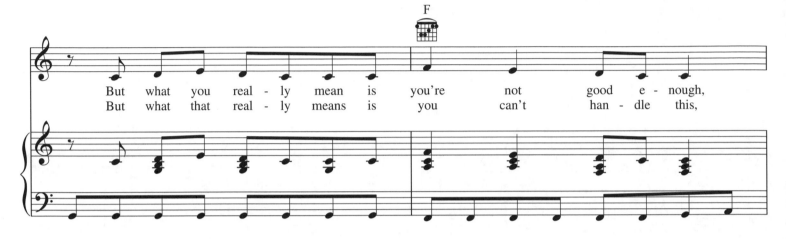

But what you real-ly mean is you're not good e-nough,
But what that real-ly means is you can't han-dle this,

you're not good e-nough. _____ You can't de-
you not can't han-dle this. _____ You could-n't

liv-er so you turn it a-round. _____ You did-n't let me down, _____
win _____ so you turned it a-round. _____

you did-n't tear me a-part, ___ you just o-pened my eyes ___ while break ing my heart. _

___ You did-n't do it for me, ___ I'm not as dumb as you think, ___ you just made me cry _

___ while claim-ing that you love ___ me, you love ___ me, you love _

___ me. You said you loved me but that I'm not good e- nough,

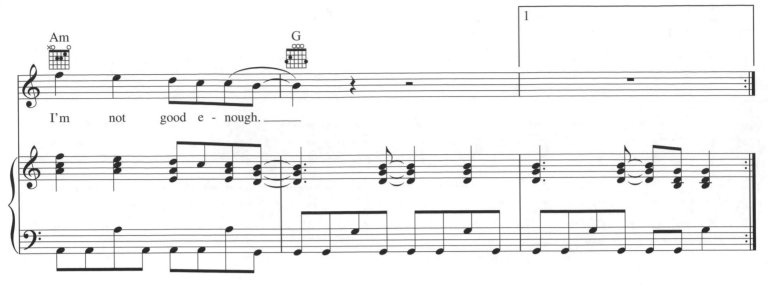

I'm not good e - nough. _____

Your love feels dif - f'rent, it's

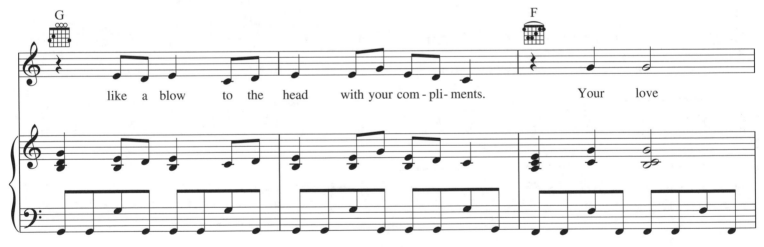

like a blow to the head with your com - pli - ments. Your love

hurts deep - er, it's like a brick in the sea and I'm drown-ing with it. _____

Begin Fade 2nd time

I'm not good e-nough, I'm not good e - nough._____ So un - der-stand that it means
you're not good e-nough, you're not good e - nough._____ *vocal tacet 2nd time*

noth-ing when you say ___ you love ___ me.

When you say ___ you love _

___ me. ___

When you say ___ you love ___ me, ___ you love _

Repeat and Fade

Optional Ending

___ me, ___ you love ___ me. ___

EINSTEIN

Words and Music by KELLY CLARKSON,
TOBY GAD, BRIDGET KELLY
and JAMES FAUNTLEROY

Moderate Rock

Sim-ple math, ___ our love div-id-ed by the square root of pride. Mul-ti-ply ___

___ the nerve to flirt with her in front of my face. ___ Here's your keys, ___

___ your lies plus time I'm go-in' out of my mind. ___ It was heav-y ___ when I fin-

___ your bags, your clothes and now get out of my place. ___ You say I'm cra-zy ___ and that we're hap-

-'ly fig-ured it out, ___ oh no. _____

-py. Is that s'posed to com-fort me? _____

I did-n't

* Recorded a half step lower.

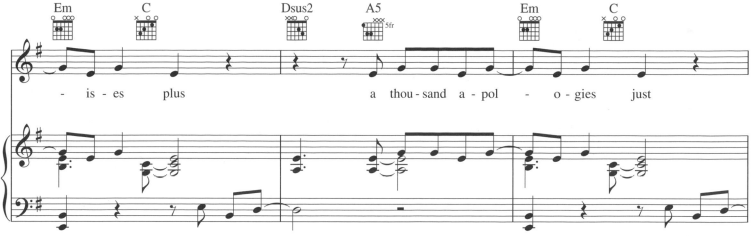

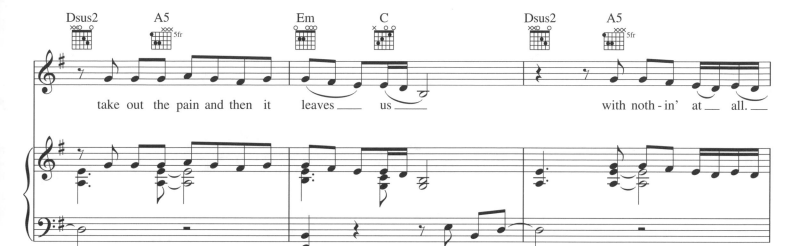

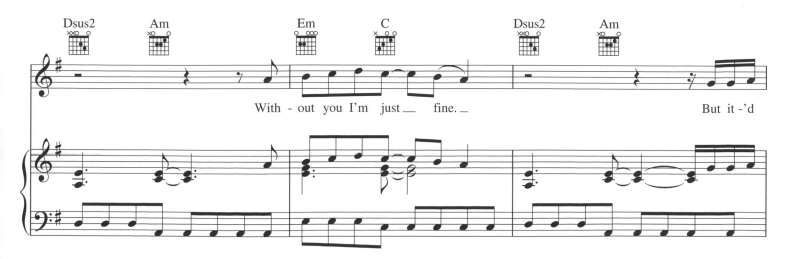

take me so long ___ to fig-ure out dumb plus dumb e-quals you, ____ e-quals you, ___

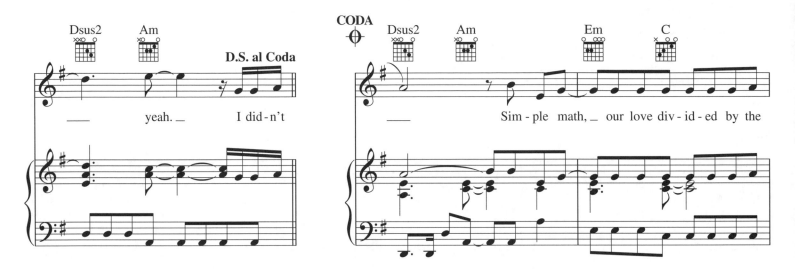

___ yeah. ___ I did-n't

CODA

Sim-ple math, __ our love div-id-ed by the

D.S. al Coda

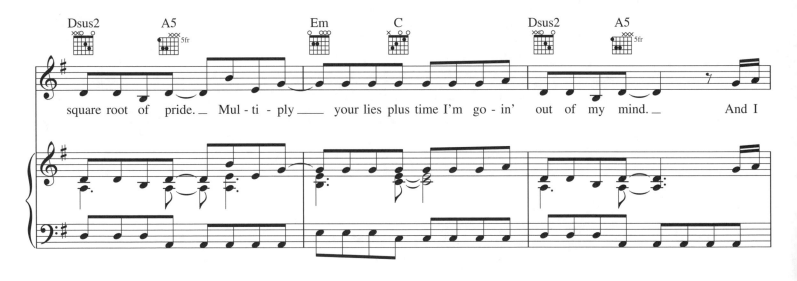

square root of pride. ___ Mul-ti-ply ____ your lies plus time I'm go-in' out of my mind. ___ And I

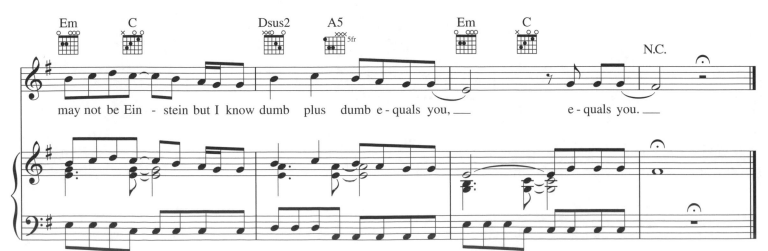

may not be Ein-stein but I know dumb plus dumb e-quals you, ___ e-quals you. ___

STANDING IN FRONT OF YOU

Words and Music by KELLY CLARKSON
and ABEN EUBANKS

Moderate Ballad

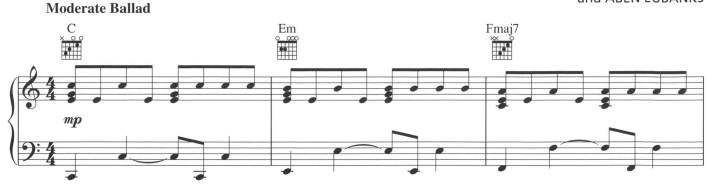

You say it's eas-i-er,___

a - lone and un - dis - turbed.___ You___ said yes and danced___ be - fore___

and got your feel-ings hurt.___ You say most days___ you're good,___

Em7 / Am
it's not so bad___ this room.___ Why chance the rain___ to-day___

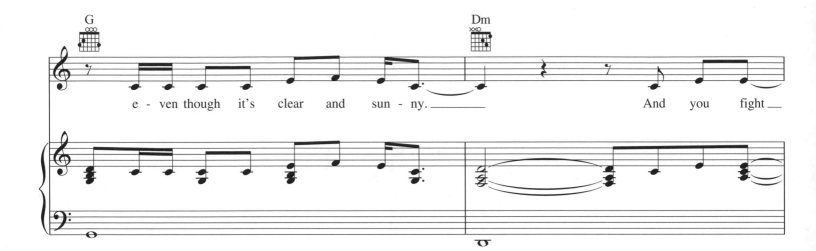

G / Dm
e - ven though it's clear and sun - ny._____ And you fight___

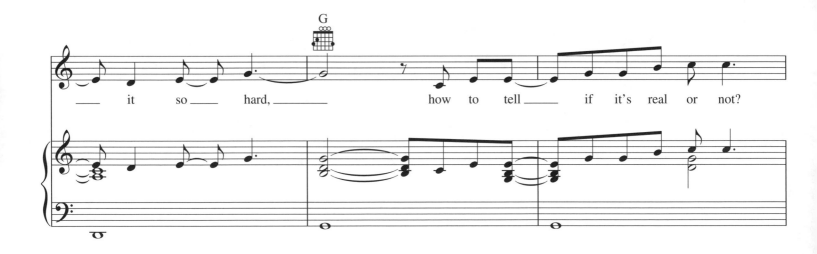

G
___ it so___ hard,_____ how to tell___ if it's real or not?

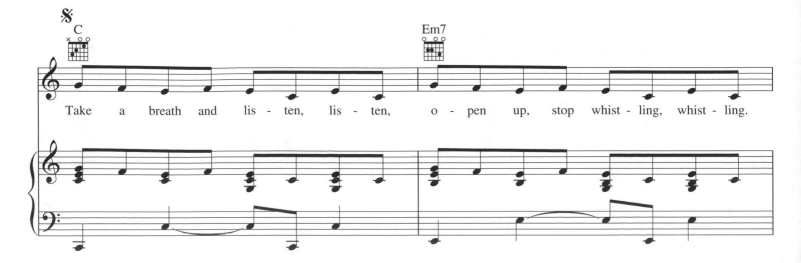

C / Em7
Take a breath and lis - ten, lis - ten, o - pen up, stop whist - ling, whist - ling.

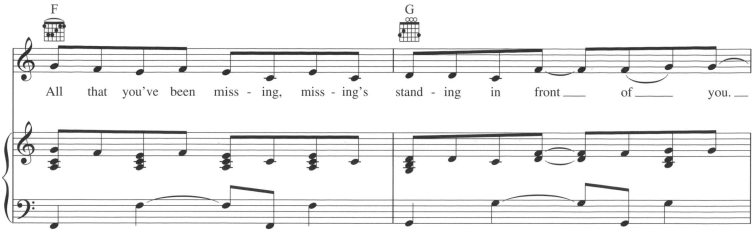

All that you've been miss-ing, miss-ing's stand-ing in front ___ of ___ you. ___

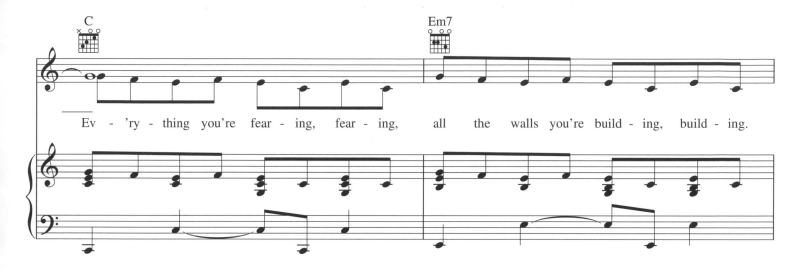

Ev - 'ry - thing you're fear-ing, fear-ing, all the walls you're build - ing, build - ing.

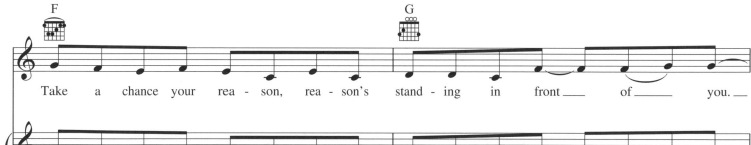

Take a chance your rea - son, rea - son's stand - ing in front ___ of ___ you. ___

Stand - ing in front ___ of ___ you. ___ Stand - ing in front ___ of ___ you. ___

To Coda ⊕

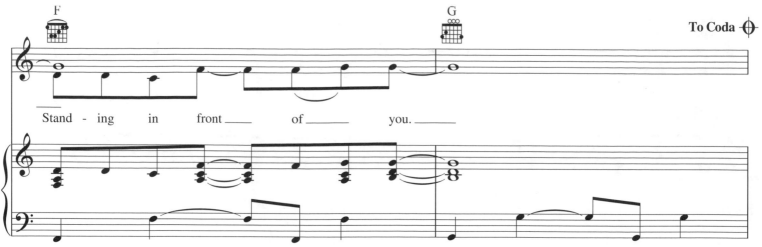

Stand - ing in front ___ of ___ you. ___

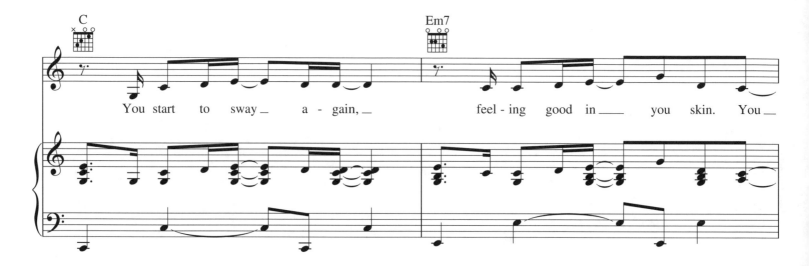

You start to sway ___ a - gain, ___ feel - ing good in ___ you skin. You ___

___ start to re - mem - ber when ___ you did - n't have to try. ___ And then ___

___ the glit - ter turns ___ to dust, ___ the col - or fades ___ e - nough ___ to

make out pic - tures from __ a fire ____ that burns __ like __ love. __

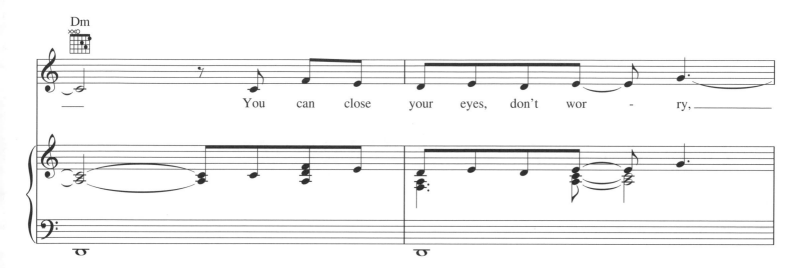

__ You can close your eyes, don't wor - ry, ____

D.S. al Coda

__ I'll still be here in the morn - ing.

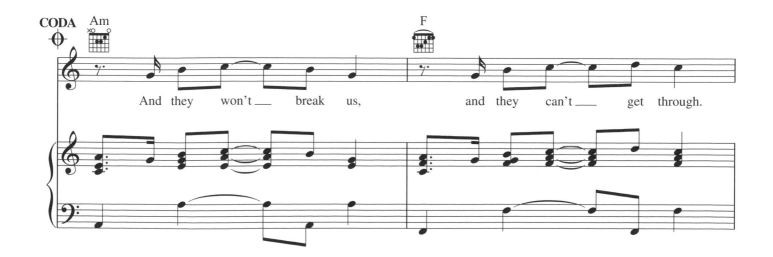

CODA

And they won't __ break us, and they can't __ get through.

'Cause I'm gon - na be here _____

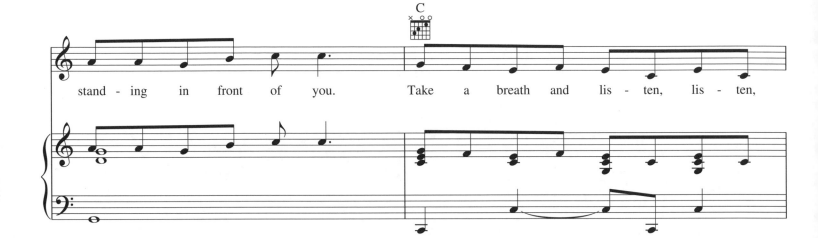

stand - ing in front of you. Take a breath and lis - ten, lis - ten,

o - pen up, stop whist - ling, whist - ling. All that you've been miss - ing, miss - ing's

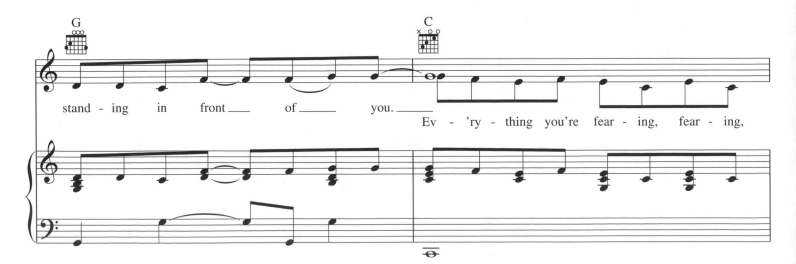

stand - ing in front ___ of ___ you. ___ Ev - 'ry - thing you're fear - ing, fear - ing,

all the walls you're build - ing, build - ing. Take a chance your rea - son, rea - son's

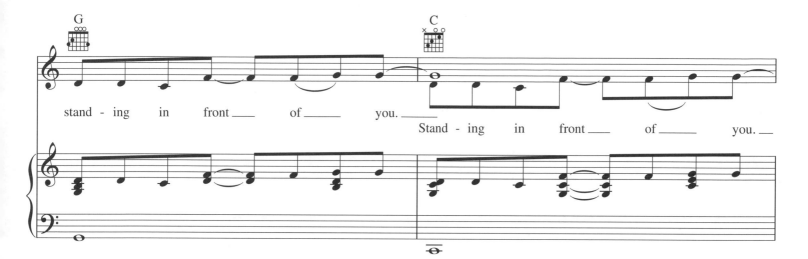

stand - ing in front ___ of ___ you. ___ Stand - ing in front ___ of ___ you. ___

Stand - ing in front ___ of ___ you. ___ Stand - ing in front ___ of ___ you. ___

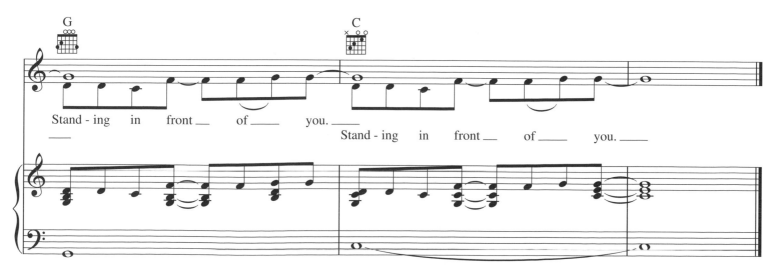

Stand - ing in front ___ of ___ you. ___ Stand - ing in front ___ of ___ you. ___

I FORGIVE YOU

Words and Music by RODNEY JERKINS,
LAUREN CHRISTY and ANDRE LINDAL

With energy

I for-give you, I for-give me, now

when do I start to feel a-gain? ____

I for-give you, I for-give me, now

If I hate you, what does that do? So

when do I start to feel a - gain? _____ 'Cause the _____
I breathe in and I count to ten. _____ 'Cause the _____

D   A

lights _____ are on _____ but I'm _____
lights _____ are on _____ and I'm _____

D   A   E/G#

nev - er home. _____ But I'll _____ be back _____
com - ing home. _____ Yes, I _____ am back _____

F#m   E

_____ with a brand _____ new at - ti - tude _____
_____ with a new _____ heart in _____ my hand _____

48

nev - er no-ticed the glass ___ ceil - ing fall - ing in on ___ us. No

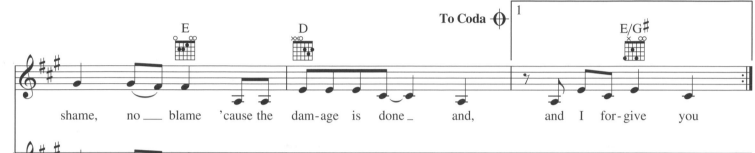

shame, no ___ blame 'cause the dam-age is done ___ and, and I for-give you

and I for-give you. I for-give you for ev -'ry time that I cried ___

___ o - ver some stu - pid thing you did to hurt me, that's al - right. ___

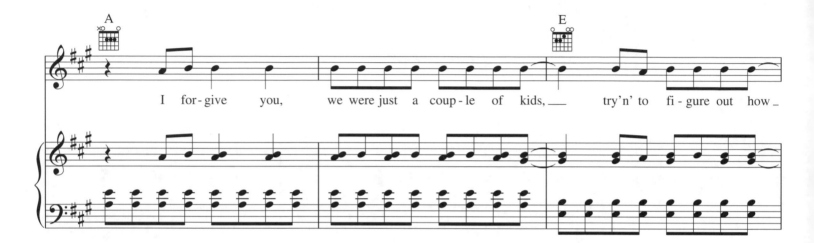

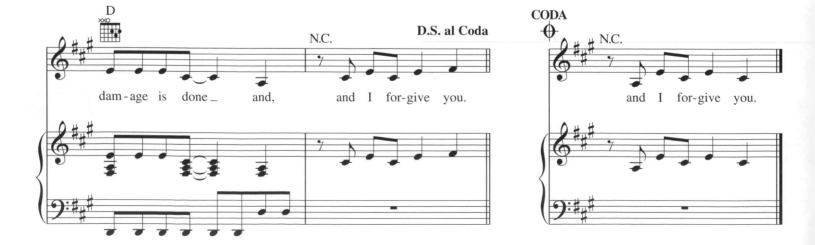

HELLO

Words and Music by KELLY CLARKSON,
BONNIE McKEE, JOSH ABRAHAM
and OLIVER GOLDSTEIN

Moderate Rock

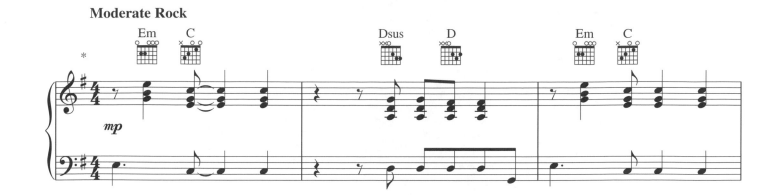

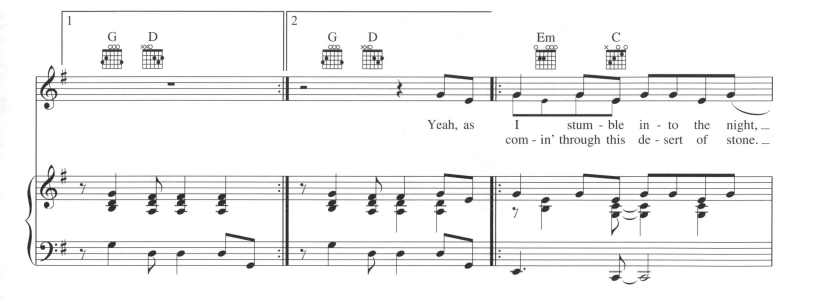

Yeah, as I stum-ble in-to the night, __
com-in' through this de-sert of stone. __

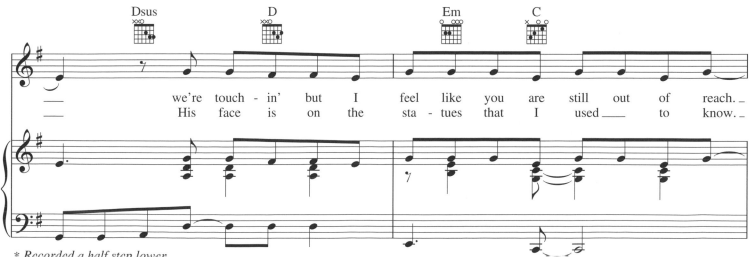

we're touch-in' but I feel like you are still out of reach. __
His face is on the sta-tues that I used __ to know. __

* Recorded a half step lower.

beat - ing.\
shad - ows. Is there an - y - bod - y, an - y - bod - y? Hel - lo,

hel - lo, an - y - bod - y lis - ten - ing? Let go, as ev -

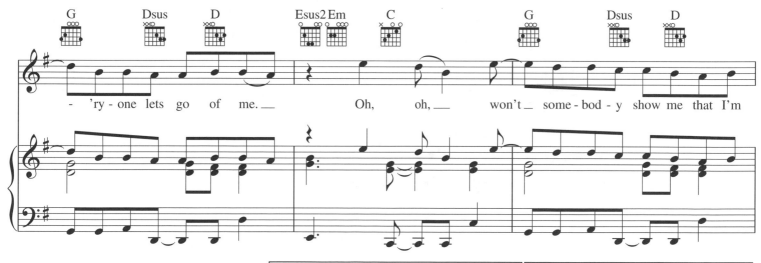

- 'ry - one lets go of me. Oh, oh, won't some - bod - y show me that I'm

not a - lone, not a - lone, no.\
Yeah, I'm / a - lone, no.

Hold-in' on to the mem - 'ries of ___ when _ I, ___ I did-n't know. _

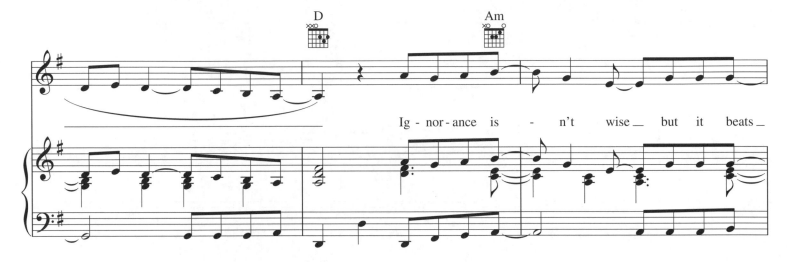

Ig - nor-ance is - n't wise _ but it beats _

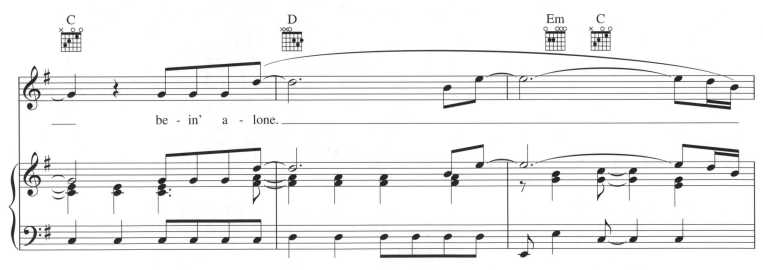

___ be - in' a - lone. ___

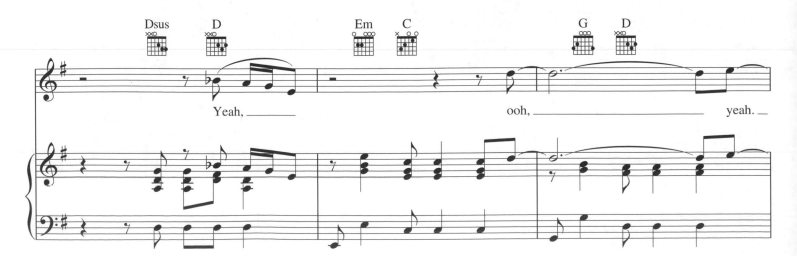

Yeah, ___ ooh, ___ yeah. _

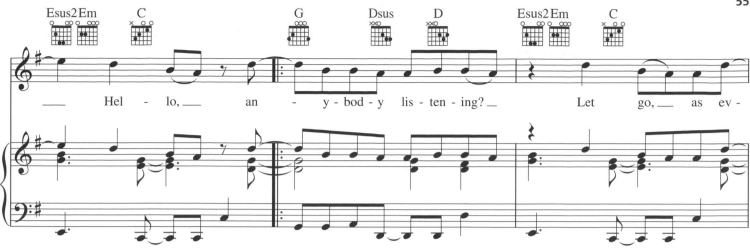

Hel - lo, __ an - y - bod - y lis - ten - ing? __ Let go, __ as ev -

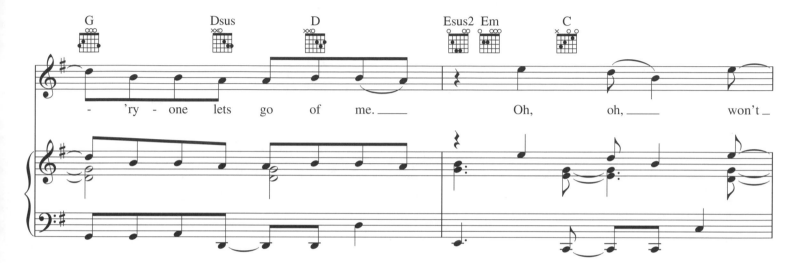

- 'ry - one lets go of me. __ Oh, oh, ____ won't __

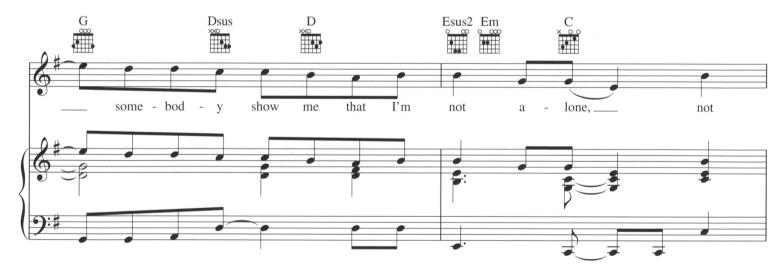

____ some - bod - y show me that I'm not a - lone, ____ not

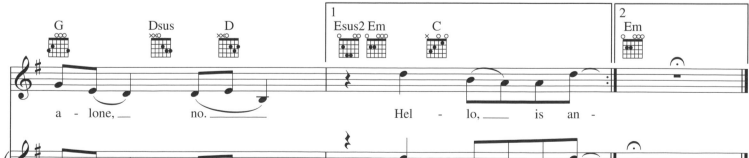

a - lone, ___ no. ____ Hel - lo, ___ is an -

THE WAR IS OVER

Words and Music by OLIVIA WAITHE
and TOBY GAD

I wait for si - lence, takes a lot not to an - swer.
Yeah, you owned __ me, now you wish you had real - ly known __ me.

All I have to say __ is you don't __ de - serve __ me, you don't __ de - serve __

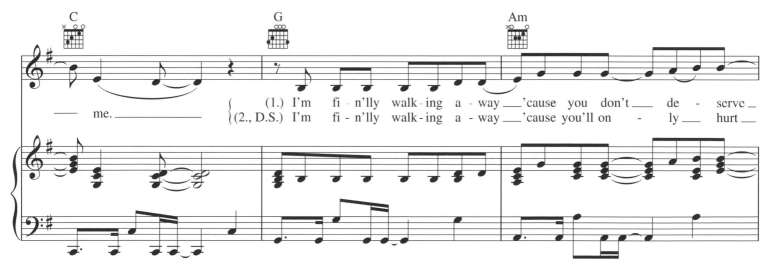

__ me. __
(1.) I'm fi - n'lly walk - ing a - way __ 'cause you don't __ de - serve __
(2., D.S.) I'm fi - n'lly walk - ing a - way __ 'cause you'll on - ly __ hurt __

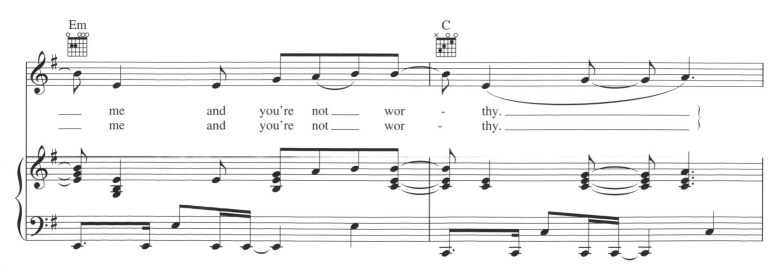

__ me and you're not __ wor - thy. __
__ me and you're not __ wor - thy. __

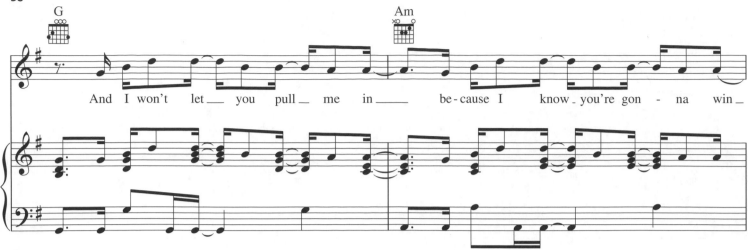

And I won't let you pull me in because I know you're gon-na win

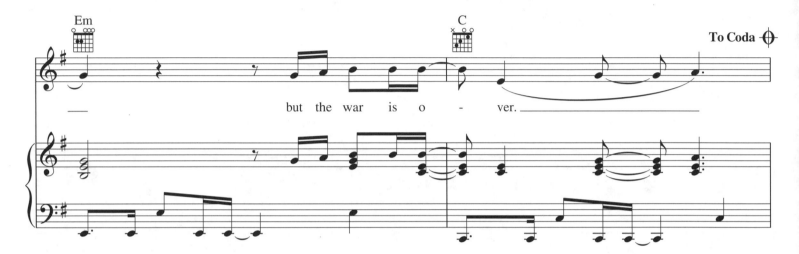

but the war is o - ver.

To Coda

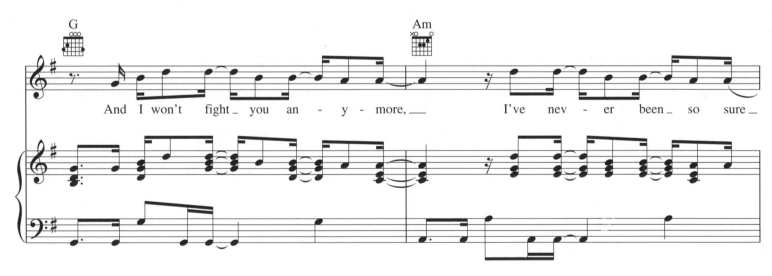

And I won't fight you an-y-more, I've nev-er been so sure

'cause the war is o - ver.

This is not _____ my sur - ren -

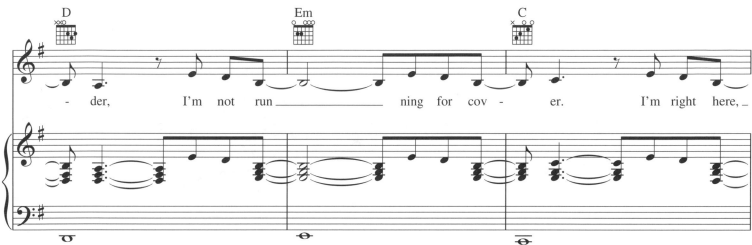

- der, I'm not run _____ ning for cov - er. I'm right here, _

_____ I know you see _____ me but your words _

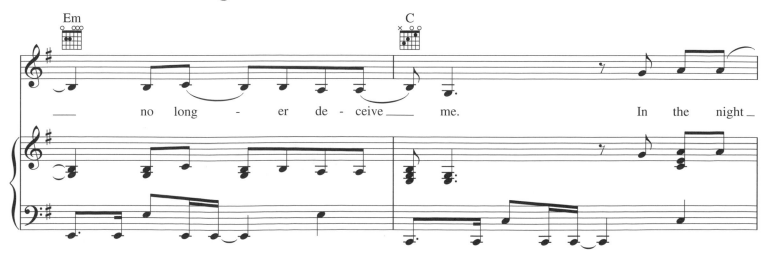

_____ no long - er de - ceive _____ me. In the night _

when you're lone - ly, you re -

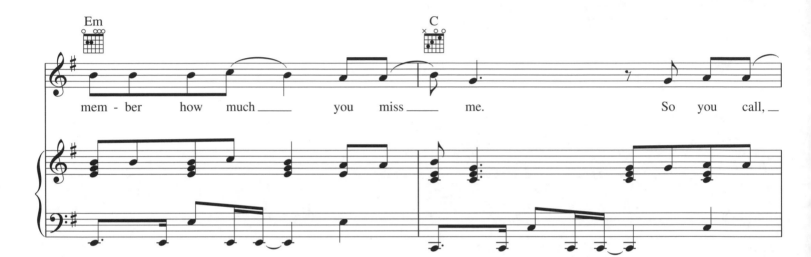

mem - ber how much ____ you miss ____ me. So you call, ____

____ well I swear, _____ you can

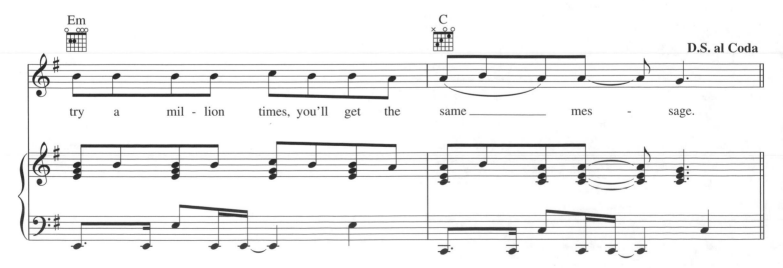

D.S. al Coda

try a mil - lion times, you'll get the same _____ mes - sage.

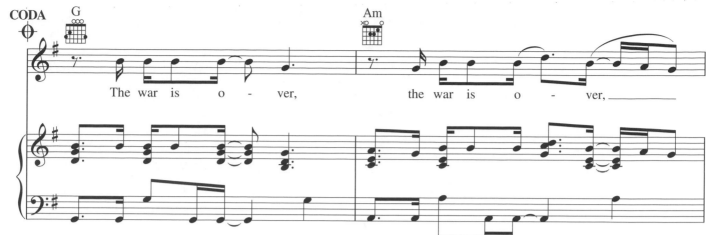

LET ME DOWN

Words and Music by KELLY CLARKSON
and CHRIS DESTEFANO

Moderate Rock

I think I might be a for-tune tel-ler, I read your face just like a let-ter. The fun-ny thing a-bout for-ev-er is it comes with a side of nev-er nev-er.

I can't buy in-to what you're sell-ing. And no, it's not that I don't want it.

make me feel so cra-zy. Right when I think we could be some-thing, you'll go and

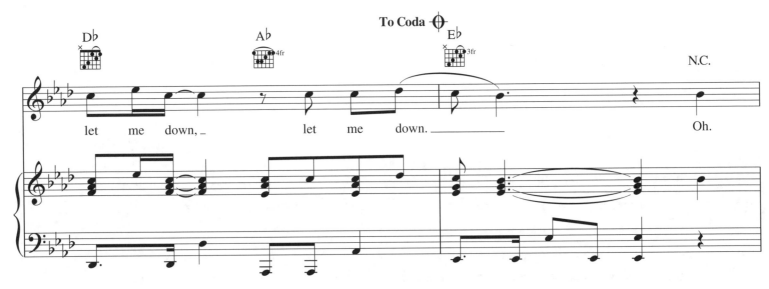

To Coda ⊕

let me down, ___ let me down. _____ Oh.

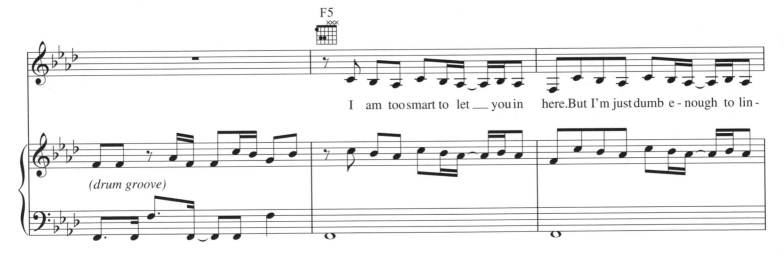

I am too smart to let ___ you in here. But I'm just dumb e-nough to lin-

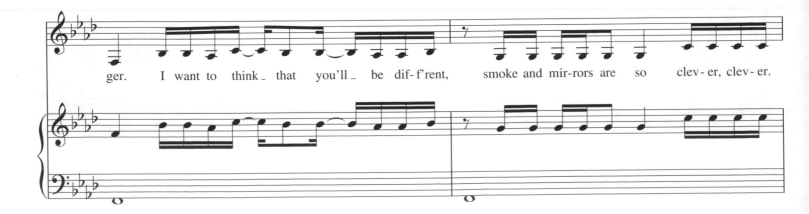

ger. I want to think ___ that you'll ___ be dif-f'rent, smoke and mir-rors are so clev-er, clev-er.

I pre-tend that things aren't so bad, that what you say will ac-tual-ly

hap-pen. I've been dy-ing to o-pen my eyes, __ see you try in-stead of al ways leav-ing me out to dry. __

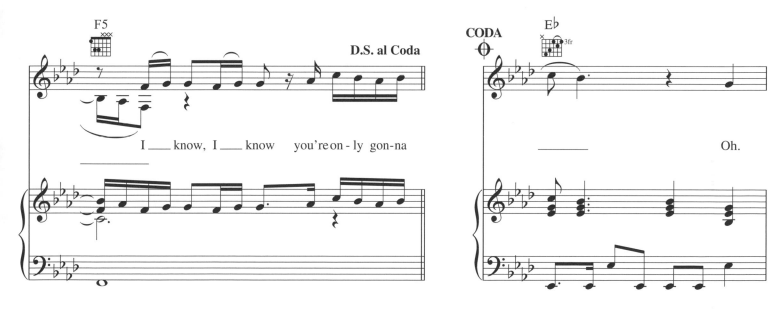

D.S. al Coda

I __ know, I __ know you're on-ly gon-na

CODA

__ Oh.

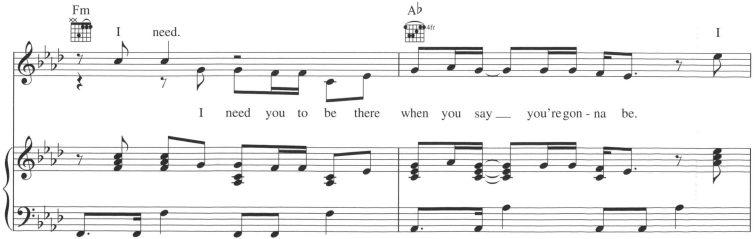

I need.

I need you to be there when you say __ you're gon-na be.

I

you'll count-down. You're on-ly gon-na turn me out, as I burn,

you'll burn out. You're on-ly gon-na make me feel so cra-zy. Right when

I think we could be some-thing, you'll go and let me down, let me down.

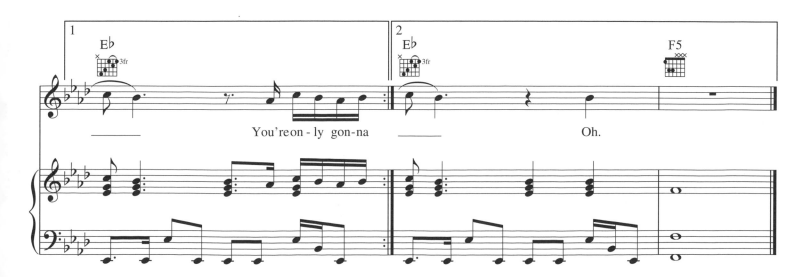

You're on-ly gon-na   Oh.

YOU CAN'T WIN

Words and Music by KELLY CLARKSON,
JOSH ABRAHAM, OLIVER GOLDSTEIN
and FELIX BLOXSOM

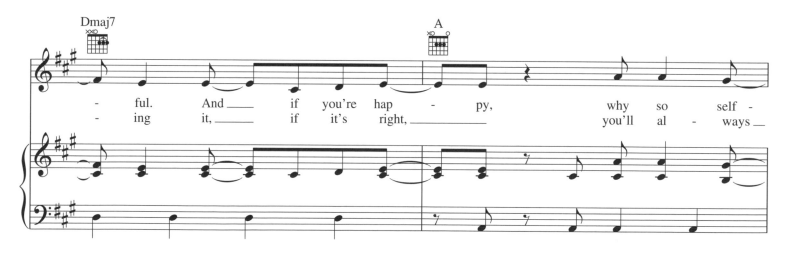

Dmaj7

you can't win, no.
you can't win, no.

A

The one who does-n't quite fit in,

E   Bm7

in, un-der-dressed, un-der your skin, oh.

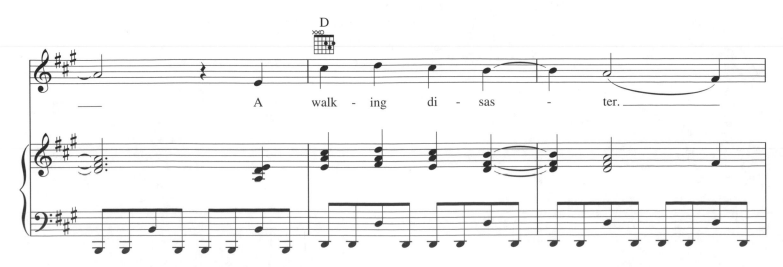

D

A walk-ing di-sas-ter.

Ev - 'ry - time you try __ to fly, you end up

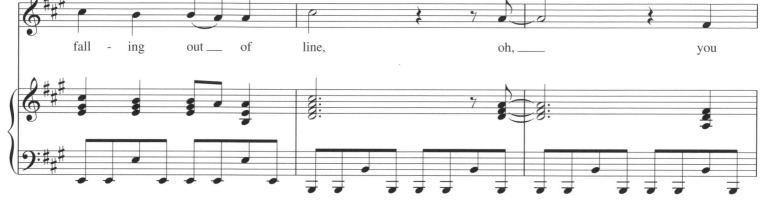

fall - ing out __ of line, oh, ____ you

can't, you can't _____ win, _____ no.

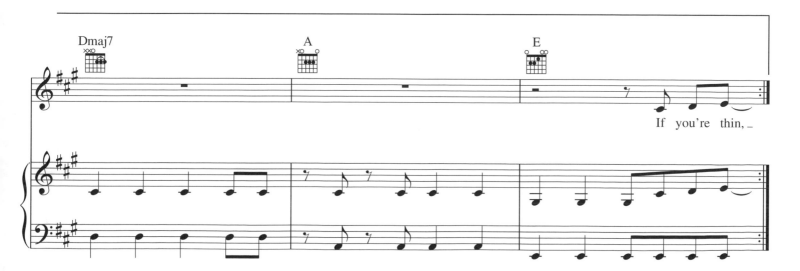

If you're thin, _

win, _____ no. And you try, _____ you try _____ so _____ hard. _____

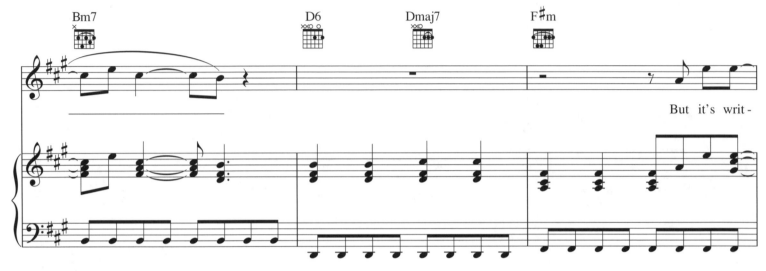

But it's writ-

- ten on _____ your _____ heart. _____ And you

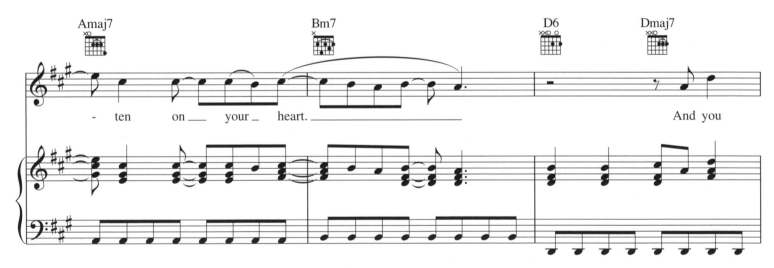

play, you play the game, _____ but you pay, you pay _____ for it. _____

You can't _ win, no. _____ You can't _

win, no. _____ If you speak, _ you'll on - ly

piss them off. If you don't _ you're an - oth - er ro - bot. If you stop, _

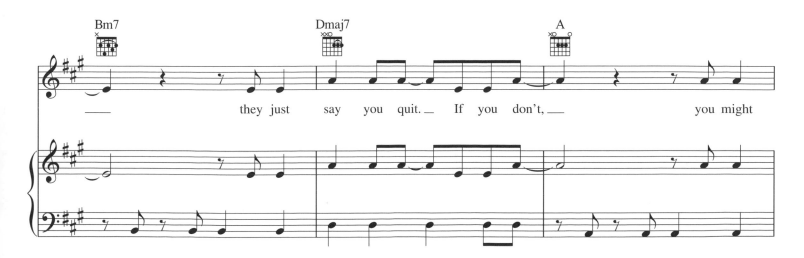

_ they just say you quit. _ If you don't, _ you might

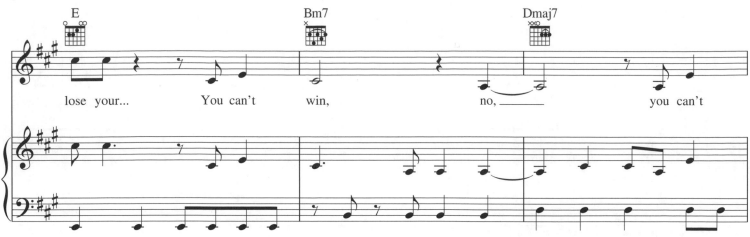

lose your... You can't win, no, _____ you can't

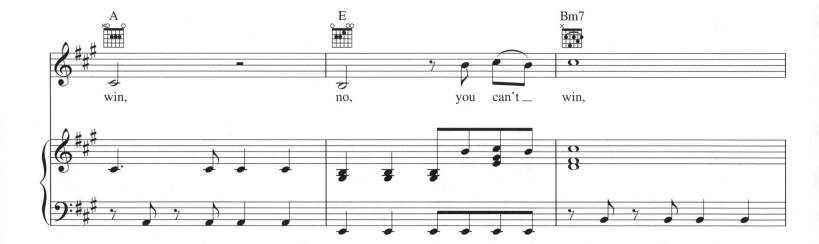

win, no, you can't _ win,

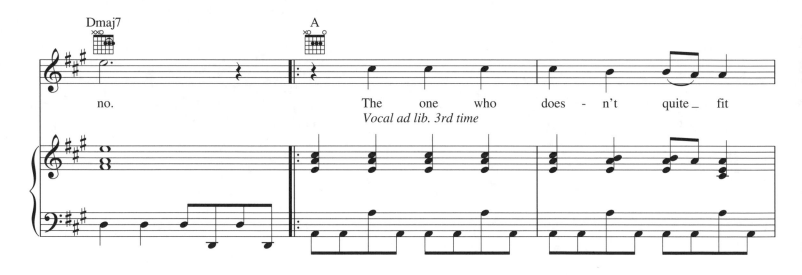

no. The one who does - n't quite _ fit in,

Vocal ad lib. 3rd time

in, un - der - dressed, un - der _ your skin, oh. _

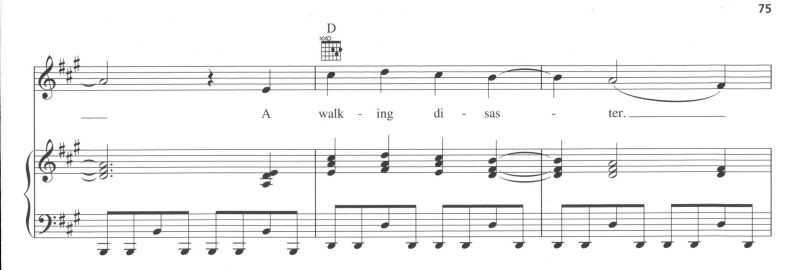

A walk-ing di-sas - ter.

Ev - 'ry - time you try to fly, you end up

fall - ing out of line, oh, you

can't, you can't win, no.

(You're)
BREAKING YOUR OWN HEART

Words and Music by JENNIFER HANSON
and MICHAEL LOGEN

Moderate Country Rock

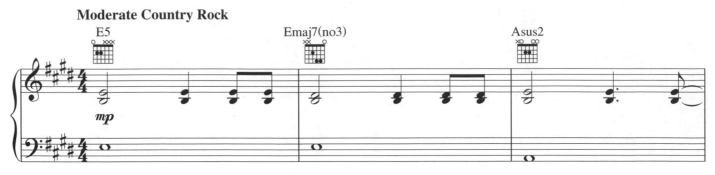

Shak - in' ___ your
Too man - y

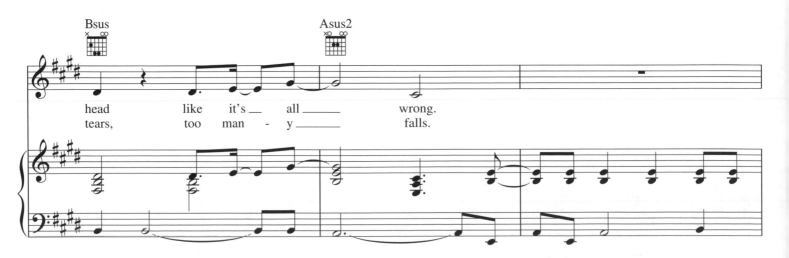

head   like it's ___ all _____ wrong.
tears,   too man - y _____ falls.

Be - fore _ you're here, you're al - read - y _____ gone.
It's eas - i - er here be - hind _ these ___ walls.

And e - ven with the light all a - round you _____
But you don't have to walk in the shad - ows. _

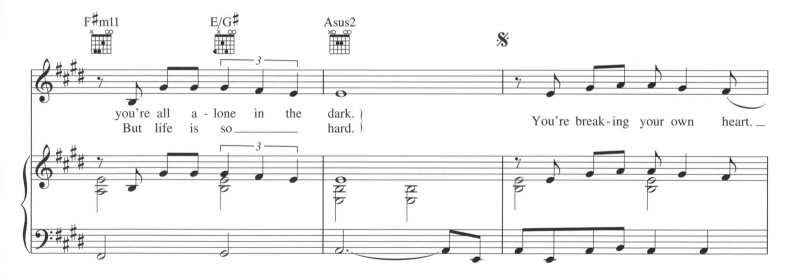

you're all a - lone in the dark. }
But life is so _____ hard. }

You're break - ing your own heart. _

_ { (1.,2.) Tak - ing it too far _____ down a lone - ly road. _ }
{ (D.S.) Tak - ing your own heart _____ down a lone - ly road. _ }

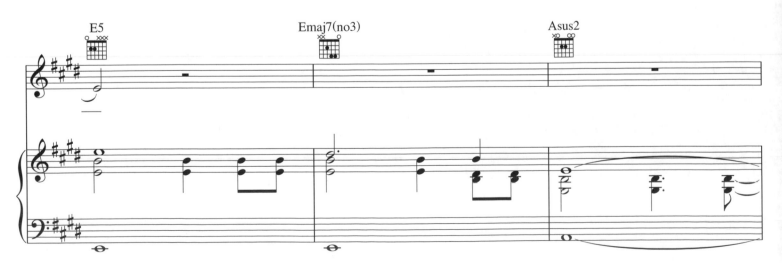

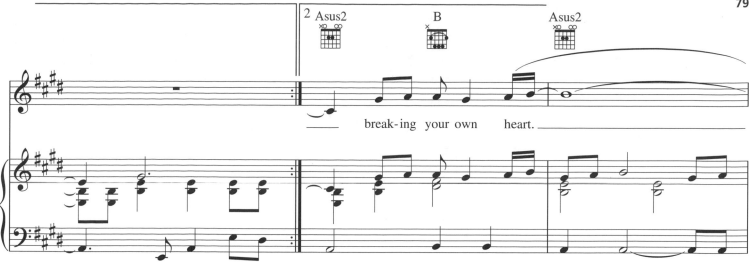

break-ing your own heart.

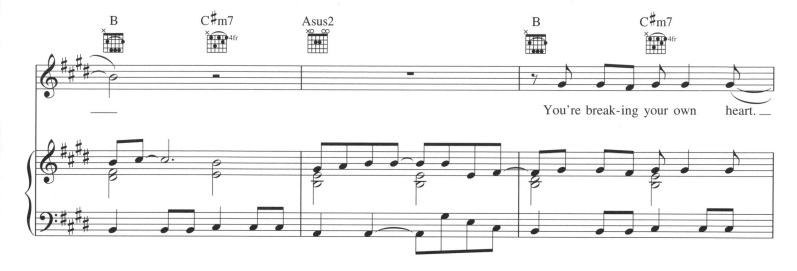

You're break-ing your own heart.

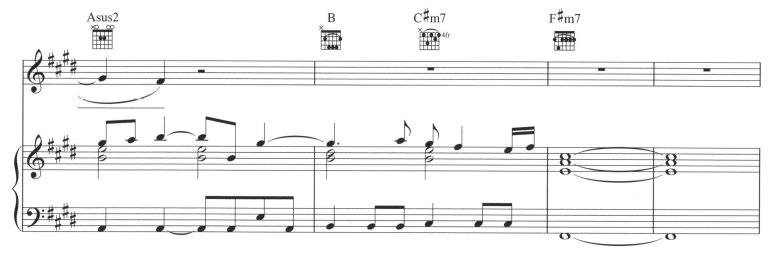

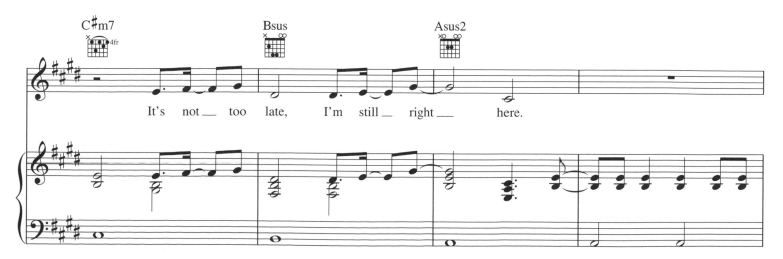

It's not too late, I'm still right here.

If on - ly you let go of __ your __ fears. __

D.S. al Coda

CODA

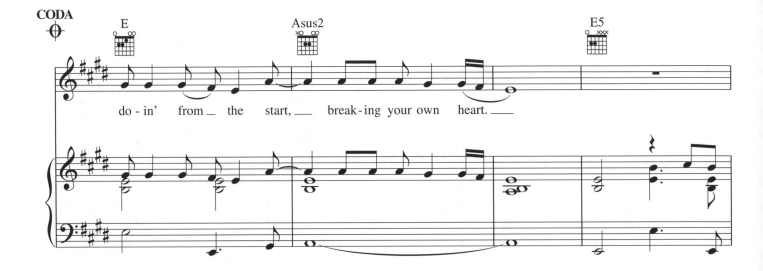

do - in' from __ the start, __ break - ing your own heart. __

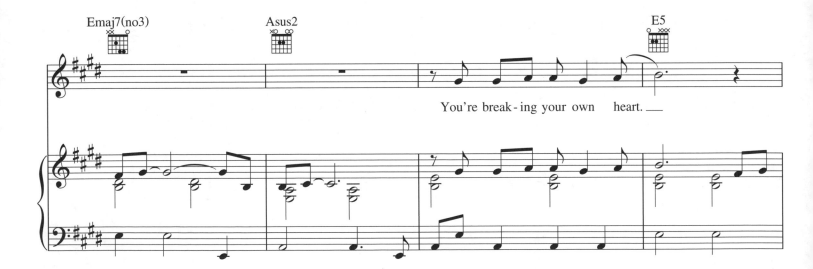

You're break - ing your own heart. __

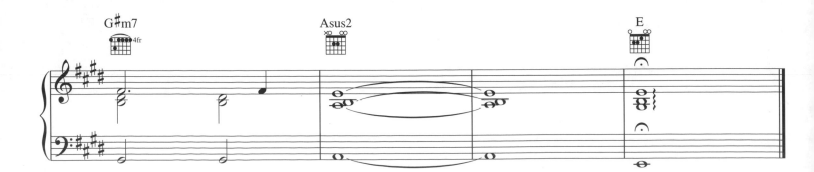